王雪涛册页精品

迟园画册

王丹 编

王雪涛画语录：

默写比速写更重要，
我讲的默写，
实际是默记。
凭眼睛看，用脑子记。

山东美术出版社
济南

其之瑰寶橫流之國恥
我中華民族之所以能永久生存
由有史以來未有之災榮
仍念是漢之人及當根拔
易勉之自勵也

此冊由甲戌秋所寫十餘年來加題後
茲逢此盛大之勝利日特跋數語以付
瓏光存之

乃寫乙酉中秋於京華

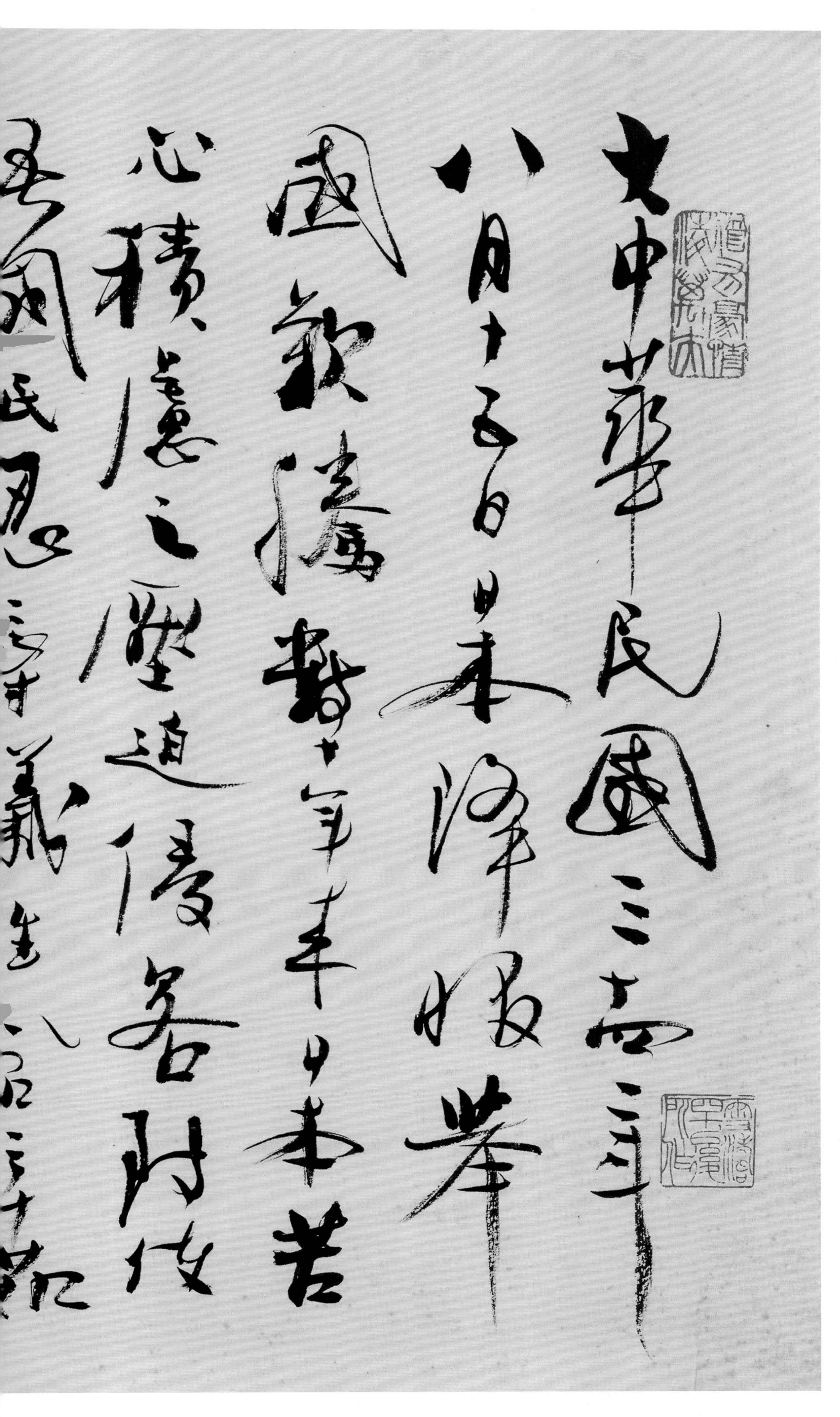

跋语

27cmx38cm

作于 1934 年

跋语 1945 年

家属藏

题识：大中华民国三十四年八月十五日，日本降服，举国欢腾。数十年来日本苦心积虑之压迫侵略，致使吾国民忍辱牺牲，含辛茹苦，终得公理战胜，湔雪国耻！我中华民族得以永久生存，为有史以来未有之光荣纪念。是后，吾人更当振拔勖勉以自励也。此册为甲戌秋所写，十余年未加题识，兹逢此盛大之胜利日时，跋数语以付珑儿存之。乃翁乙酉中秋于燕市。

钤印：雪涛长年（白）、犹有豪情凌万夫（朱）、雪涛四十以后所作（朱）

秋塘蛙戏 27cmx38cm 1934 年 家属藏 **钤印：**雪涛长年（白）

五月花果 27cmx38cm 1934 年 家属藏 **钤印：**王雪涛印（朱）

园蔬　27cmx38cm　1934 年　家属藏　**钤印：**瓦壶斋（朱）

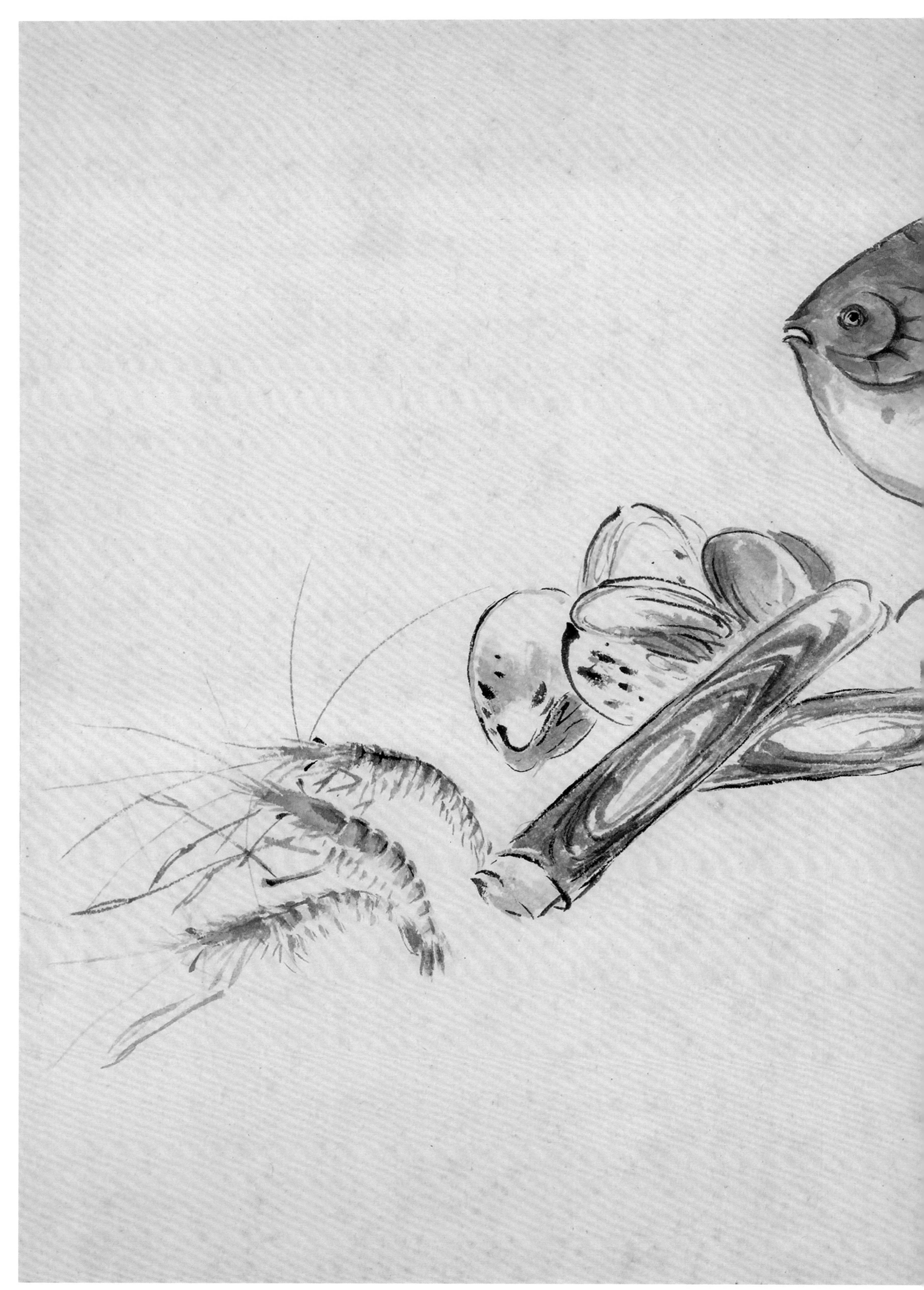

鳞介 27cmx38cm 1934 年 家属藏 **钤印：**雪涛拟古（白）

桑蚕 27cmx38cm 1934 年 家属藏 **钤印：**雪涛（朱）

白茶花 27cmx38cm 1934 年 家属藏 **钤印：**老涛得意（白）

凤仙螽斯 27cmx38cm 1934 年 家属藏 **钤印：**雪涛长年（白）

桐蝉秋嫣 27cmx38cm 1934 年 家属藏 **钤印：**雪涛长年（白）

豆花双虫 27cmx38cm 1934 年 家属藏 **钤印：**迟园（朱）

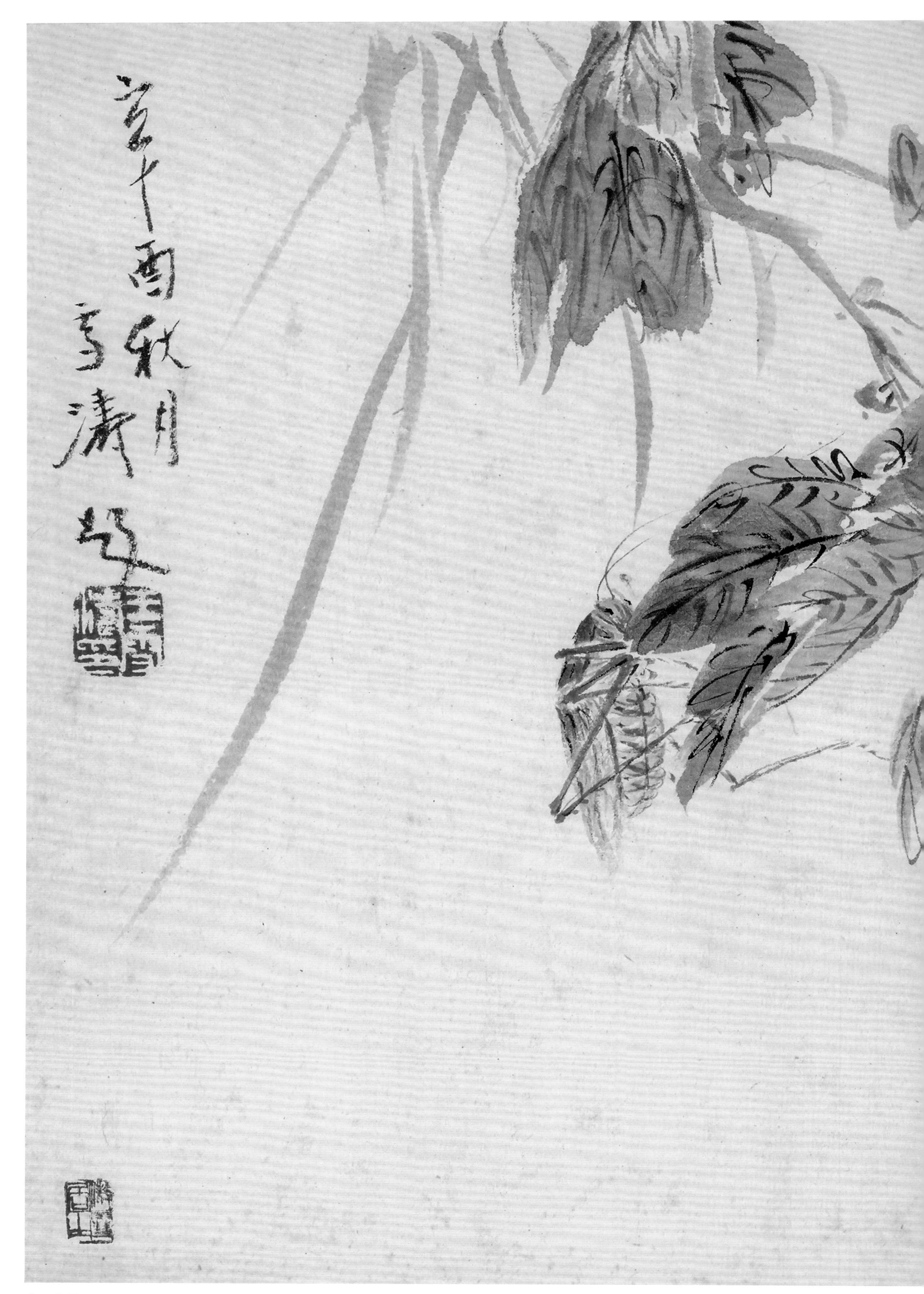

辛酉秋月　27cmx38cm　1934 年　家属藏　**题识：**辛酉秋月。雪涛题。 **钤印：**王雪涛印（白）、傲雪居士（朱）、秋斋（白）

图书在版编目（CIP）数据

王雪涛册页精品．迟园画册 / 王丹编．-- 济南：山东美术出版社，2024.2
ISBN 978-7-5747-0162-5

Ⅰ．①王… Ⅱ．①王… Ⅲ．①花鸟画 - 作品集 - 中国 - 现代 Ⅳ．① J222.7

中国国家版本馆 CIP 数据核字 (2023) 第 225044 号

王雪涛册页精品 迟园画册
WANGXUETAO CEYE JINGPIN CHIYUAN HUACE
王丹 编

策　　划：李晓雯
责任编辑：韩　芳　李文倩　刘其俊
装帧设计：大豐设计

主管单位：山东出版传媒股份有限公司
出版发行：山东美术出版社
济南市市中区舜耕路517号书苑广场（邮编：250003）
http://www.sdmspub.com
E-mail:sdmscbs@163.com
电话：（0531）82098268 传真：（0531）82066185
山东美术出版社发行部
济南市市中区舜耕路517号书苑广场（邮编：250003）
电话：（0531）86193028 86193029
制版印刷：山东星海彩印有限公司
开　　本：889mm×1194mm 1/8
印　　张：3
字　　数：15千
印　　数：1—3000
版　　次：2024年2月第1版　2024年2月第1次印刷
定　　价：39.00元